nur für Erwachsene

Totgelachte leben länger

nur für Erwachsene

Klaus D. Koch
& Peter Bauer

Totgelachte leben länger

Schwarze Kinderreime

nur für Erwachsene

GOH

Impressum GOH Gruppe All rights reserved Layout Peter Bauer
Copyright 2008 by Klaus D. Koch (Texte) und Peter Bauer (Grafiken)
Realisierung Peter Bauer Herstellung Druckerei Weidner Rostock
Scans Kayscan Rostock ISBN 9978-3-9812429-0-4

Vor den Kinderreimen ist zu warnen,
sie könnten die alten Säcke enttarnen.

Glücklich ist,
wer bepisst,
was noch nicht
beschissen ist.

Es war einmal ein Hornvieh,
das mochte dieses Horn nie.
Hinein stößt ein Gefreiter:
Tschingdarassa, Bumdarassa, u.s.w.

Was, ich und Kleptomane?
Weg war die Karawane.

Weg war die Karawane.

Das Flugzeug, das flog tief
und wohl auch etwas schief,
denn mitten in Loch Ness
schwimmt eine Stewardess.

Ich ging im Walde
so für mich allein,
da sah ich ein Männlein,
das stand auf einem Bein.
Er konnte auf einem Bein nur stehen,
denn das andre benutzte es grade zum Gehen.

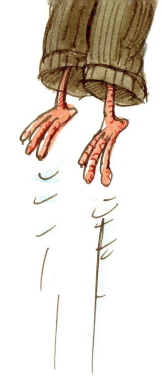

Ich ging im Walde so für mich allein,
da sah ich ein Männlein, das stand auf einem Bein.
Es sagte, ich bin
der Klapperstorch!
Leider konnte ich ihm den Vogel nicht mehr ausreden,
denn es tat sich plötzlich in die Lüfte erheben.

Just ging ich im Walde so für mich allein,
da sah ich ein Männlein,
das stand auf einem Bein.
Das andre hat ihm dereinst Morgenstern abtranchiert
und auf ein Nasobehm mit Erfolg transplantiert.

Bei der Erziehung ist alles zu spät,
wird man zur Antiautorität.

Ich zieh mir einen Liebsten hoch,
sehr mühsam ist das Rauf und Runter.
Bitte nicht die Stirne runzeln,
ich bin gerade beim Rapunzeln.

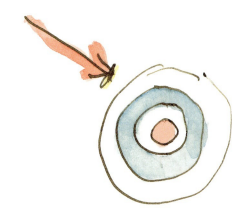

Unerwartet, irgendwann,
der böse Bube wird zum Mann.
Verspätet tritt er ein ins Leben,
knapp vorbei und voll daneben.

Alle Kinder trinken gern Kakao,
bis auf Maren,
die trinkt Klaren.

Alle Kinder sammeln Äpfel auf.
Bis auf Gunther,
der holt sich einen runter.

Alle Kinder glauben
an den Klapperstorch,
bis auf Dörte,
die mithörte,
und auf Ralf,
der mithalf.

Alle Kinder pfeifen auf dem letzten Loch,
bis auf Knut,
der's auf dem vorletzten tut.

Alle Kinder gehen brav nach Haus,
bis auf Grit,
die geht mit 'nem Onkel mit.

17

Alle Klugscheißerkinder
holt zurück der Adebar.
Die Allesbesserwisser
sind für alle 'ne Gefahr.

Die Kinder an die Macht!
Doch wer ist auserkoren?
Welch Qual der Wahl: Je weniger Kinder,
desto mehr Götter werden uns geboren.

Alle Kinder hüpfen in die Höhe,
bis auf Frieda,
die kommt nieda.

Alle Kinder pullern mit dem Pullermatz,
bis auf Knut,
der was Bessres tut.

Wo man dich hochnimmt,
lass dich ruhig nieder,
nur böse Spottlieda
sind nicht so bieda.

Er soff wie ein Loch
und trank alles, was nach Alkohol roch.
Doch als er Weichmacher
sich hinter die Binde goss,
war es vom Ende der Keim,
denn er ging aus dem Leim.

Wenn ich meinem Affen Zucker gebe,
dann fressen mich die Raben.
Da liegt der Hase im Pfeffer
und der Hund begraben.

Wo immer man langgeht,
es ist letzlich einerlei.
Viele Wege führen nach Rom,
aber keiner an mir vorbei.

Wenn alle den Kopf in den Sand stecken,
dann ist bald überall Sahara.

Lieber Grütze
unter der Mütze
als nur am Strand
im Po Sand.

Beim Ebben und beim Fluten
muss man sich doll sputen.
Steht das Wasser bis zum Hals,
dann schmeckt's verdammt nach Salz.

nach Salz

Es war einmal ein Murmeltier.
Viele Jahre schlief es hier.
Es sagte weder »muh« noch »meff«.
Jetzt ist es unser Chef.

Wie grenzenlos schön muss es dahinter sein.
Das Mauerblümchen hockt auf der Lauer.
Das verlorene Paradies ist immer
auf der anderen Seite der Mauer.

Du, du!
Danke für das Angebot.
Ich möchte es wirklich nicht.
Solange ich Sie sieze,
bin ich nicht Ihr Komplize.

Manch verdrehtes Sprichwort
wird zum Flegel:
Die Ausnahmen
machen's auch in der Regel.

Wir haben Scheiße schön gequatscht,
gerettet ist die Ehre.
Man fasst sich an den Kopf
und greift ins Leere.

Erlogen und erstunken,
wie ist es widerlich,
denn alle Sesselfurzer
machen Wind um sich.

Es war einmal ein Stinketier.
Wie stank das hier!
Jetzt hat es ausgerochen,
ist einem hinten rein gekrochen.

Nix is heut
mit hin und her,
schießt die Hexe in den Rücken,
läuft auch vorn nichts mehr.

Die Sprache wird ein wenig flapsig,
ist man erst correga-tapsig.

Alle Fünfe sind gerade,
schauste hinter die Fassade,
kollabiert die morsche Scheune.
So, nu haste alle Neune.

Wenn er kein Deutsch versteht,
da muss mer äben sächseln:
Wenn es am schensten is,
muss mer den Partner wechseln.

Es war einmal ein Kakadu,
der kackte alle Löcher zu.
Zwar war er heiß umworben,
doch ist er ausgestorben.

Wer ein Arschloch küssen will,
muss in die Knie gehen.
Steht selbiges auf einem Sockel,
geht es auch im Stehen.

Alle Fünfe sind gerade...   Barg

.....hockt ein kleiner Taliban.....

Am Hindukusch, am Hindukusch,
hinter einem Hollerbusch,
da hockt ein kleiner Taliban,
ist das nicht der blanke Wahn!

Die Welt hat sich für ihn verdreht,
da er Bahnhof nur versteht,
hofft er auf ein Martyrium
und macht zum letzten Mal bum-bum.
Hinter einem Hollerbusch,
am Hindukusch, am Hindukusch.

In China, in China,
hinter der großen Mauer,
da liegt der Gilb auf der Lauer.

Es ist schon sonderbar,
doch auch die gelbe Gefahr
ist wieder das, was sie mal war.

Ein dicker Hund

P. Bauer

Es war einmal ein dicker Hund,
der lief hier oben nicht ganz rund.
Hat unser Herrchen angebellt,
nun wurd er an die Wand gestellt.

Er war einfach zu lang allein
und sehnte sich wirklich sehr
nach dem Geschubse und Gedränge
in der Einsamkeit der Menge.

Ene, mene, muh,
an die Wand kommst du.
Ene, mene, miste,
ab geht's in die Kiste.

Stecke niemals den Kopf in den Sand,
dein Arsch gewinnt die Oberhand.

Sie wollten alles akribisch teilen.
Das kam als Bumerang zurück.
Am Halbe-Halbe-Dogma
zerbrach das ganze Glück.

Früher wurde die Rose gebrochen.
Heute hat sie den Braten gerochen.
Ach, sie pflückt das Männertreu:
heute Blume, morgen Heu.

Wenn der Arsch die
Oberhand gewinst.

Die grüne Frucht
liegt quer im Maul.
Ist noch nicht reif
und doch schon faul.

Die Zeit bleibt stehn. Man igelt sich.
Will unter ferner liefen sein.
Nichts passiert, die Welt wird klein.
Ich kuhdorfe mich ein.

Ein Ferkel kringelt seinen Schwanz,
ein Wurm sogar den ganzen Wanst.
Ich tu mich da sehr schwer,
bei mir kringelt sich nichts mehr.

Ist die Granat' ein Rohrkrepierer,
ist man selten glücklich ihrer!

Ewig schmachten,
auf die Linie achten.
Stört mich nicht bei meinen Kreisen

ich will auf die Linie
scheißen

44

Ewig schmachten,
auf die Linie achten.
Stört mich nicht bei meinen Kreisen,
ich will auf die Linie scheißen.

So ein Plumsklo
macht die Fliegen froh.
Ansonsten macht es wenig Sinn,
dass ich der Herr der Fliegen bin.

...einer hat sich totgelacht.

Ich bin ein Hund, ein Lumpenhund.
Ich lumper mir das Leben bunt.
Und faselt einer was vom Glück:
Tja, was dann, dann kläffe ich zurück!

Sie zählt die Häupter ihrer Lieben,
siehe da, es waren sieben.
Früher waren es mal acht,
einer hat sich totgelacht.

Hol mich der Kuckuck,
doch es ging ruck-zuck.
Das Kuckucksei war plötzlich da,
weiß der Kuckuck, wie's geschah.

Zum Kuckuck können wir's nicht jagen,
das Vieh, es könnte sich beklagen.
So ziehn wir denn den Vogel groß,
es hockt schon manches uns im Schoß.

Jeder weiß, im Jammertal
ist der Horizont sehr schmal.
Spuckt man jedoch von oben runter,
wird's im Leben ungleich bunter.

Ich ging ihr ins Garn
und sie mir auf den Docht.
Jetzt hilft nicht Nagel noch Niet.
Das ist das Ende vom Lied.

Es war einmal 'ne süße Maus,
die suchte sich 'nen Trampel aus.
Sie sagte nur noch »Ätsche«,
dann machte sie die Grätsche.

Es war einmal ein Himmelhund,
der bumste sich den Pimmel wund.
Jetzt teilt er sein Zuhaus
mit einer grauen Maus.

Er war kein Kind von Traurigkeit
und quetschte viele Damen breit.
Doch alle seine Bräute
sind des Wahnsinns fette Beute.

Rotationsprinzip.

Wie hat man sich heute lieb?
Nach dem Rotationsprinzip!
Ratzfatz ist
der Schatzmatz
bei 'ner anderen.
Ene, mene, muh,
dran bist du!

Futsch is futsch, und hin is hin.
Haarlos bin ich wie ein Skin.
Doch juckt's mich nich die Bohne.
Lieber oben ohne...
als unten nichts.

Die Göttin des Weines,
sie streichelt meinen Gaumen,
erst mit Trauben
und dann mit Pflaumen.

Aller guten Dinge sind drei,
aber nur einer trägt das Geweih.

Je länger die Beziehungskiste,
desto sargförmiger, siehste!

Die süße kleine Mickymaus
zog sich ihre Höschen aus.
Und wer war wohl der Mäuserich?
Nu rate mal! Na ich, na ich!

Ich und du,
spieln blinde Kuh,
Sollt ich dich erhaschen,
dann werd ich dich vernaschen.

Frau Wirtin hatte auch eine Tochter,
auch die mocht er.

Ringel, Ringel, Reihen,
gern tanzt man zu zweien.
Kommt die beste Freundin mit,
geht's flotter auch zu dritt.

Alte Geiss leckt auch gern Salz

Das junge Zicklein
ist zu störrisch.
Drum dacht der Jäger
auf der Balz:
Alte Geiß leckt auch gern Salz.

Selbst Adebar ist sonnenklar,
die Arielle ist wunderbar.
Doch ist er schwer in Nöten,
treibt er's mit Tümpelkröten.

Vergriffen

Ich führte sie zum Tanze.
Sie griff nach meinem schwarz-
karierten Taschentuch,
das ich in meiner Tasche trug.

Ich führte sie nach Hause.
Sie griff nach meinem dicken,
prallen Portemonnaie,
das tat mir in der Seele weh.

Ich hab sie angeführt,
denn sie blieb unberührt.

In der Nacht, in der Nacht,
wenn der Büstenhalter kracht,
kommt der Lange mit der Stange,
macht den kleinen Mädchen bange.

In der Nacht, in der Nacht,
wenn der Büstenhalter kracht,
kommt gehüpft ein frecher Floh,
piekt dich in den kleinen Po.

Die Glatten und die Satten
ermatten beim Begatten.

Leider gibt es kein Entrinnen,
steckt man tief im Waffenrock.
Willst du ein Reh für dich gewinnen,
leg ihn ab und schieß keinen Bock.

Unschuldsweiß strahlt unsre Welt.
Liebe zählt und nicht das Geld.
Das ist der Schnee vom letzten Jahr,
als ich noch jung und sprachlos war.

So, nun ist wahrlich genug getönt,
überdrüssig sind wir all der Worte,
denn sie purzeln im Ringelreigen
und bieten uns Stoff zum Schweigen.

Peter Bauer **Katzen.**

Zeichnungen

Bernd Melzer & Peter Bauer Tja, so war's

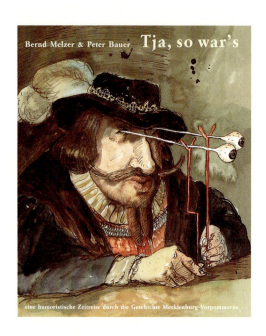

eine humoristische Zeitreise durch die Geschichte Mecklenburg-Vorpommerns

Bücher von Peter Bauer bei GOH

Katzen, Zeichnungen
In dieser Publikatzion finden Sie die Sumatra-Rauchkatze,
die Norwegische Räufelkatze, den Korkpoint, eine Rebmaus,
viele weiße Mäuse und andere Mäuse genauso, wie eine gehörige
Portion von Komplikatzionen.
Hardcover mit Schutzumschlag, 20 x 20 cm, 116 Seiten,
ISBN 3-00-017061-8, 2. Auflage, 19,80 €

Tja, so war's
eine humoristische Zeitreise durch die Geschichte
Mecklenburg-Vorpommerns von der Eiszeit bis in die
Gegenwart mit zahlreichen Grafiken und einem Text von Bernd Melzer
Hardcover mit Schutzumschlag, 29 x 24 cm, 104 Seiten,
ISBN 3-00-020369-9, 1. Auflage, 24,90 €

Bücher von Klaus D. Koch bei Edition Temmen

Das Ding an sich
Schwarze Sprüche, Epigramme und Aphorismen, illustriert
von Feliks Büttner, 72 S., ISBN 978-3-86108-136-4, 1. Auflage, 14,90 €

Neue Ufer voller Altlasten
Aphorismen und Epigramme, illustriert von Feliks Büttner
84 S., ISBN 978-3-86108-142-5, 2. Auflage, 14,90 €

Verhexte Texte – verzauberte Worte
Gedichte und Aphorismen, illustriert von Feliks Büttner
84 S., ISBN 978-3-86108-177-7, 3. Auflage, 14,90 €

Blindgänger und Lichtgestalten
Aphorismen, illustriert von Feliks Büttner
80 S., ISBN 978-3-86108-997-1, 1. Auflage, 9,90 €

Hellwache Träume
Aphorismen, Epigramme, Gedichte, illustriert von Feliks Büttner,
128 S., ISBN 978-3-86108-138-8, 2. Auflage, 9,90 €

Hiergeblieben
Wendezeitlose Sprüche, Aphorismen und Epigramme,
illustriert von Feliks Büttner, 128 S.,
ISBN 978-3-86108-131-9, 3. Auflage, 9,90 €

U-Boote im Ehehafen
Aphorismen, illustriert von Feliks Büttner
128 S., ISBN 978-3-86108-130-2, 3. Auflage, 9,90 €

Mitten im Paradies
Gedichte für Dich, illustriert von Feliks Büttner
88 S., ISBN 978-3-86108-182-1
1. Auflage, 9,90 €

Klitzekleine Stolpersteine
Epigramme und lose Sprüche, illustriert
von Feliks Büttner
98 S., ISBN 978-3-86108-126-5
1. Auflage, 9,90 €

Der neue deutsche Nasführer
Aphorismen, illustriert von Feliks Büttner
128 S., ISBN 978-3-86108-116-4
2. Auflage, 9,90 €

Freche Kinderreime

Ratze, Fatze, Bärentatze
64 S., illustriert von Manfred Bofinger
ISBN 978-3-86108-187-6, 1. Auflage, 9,90 €

Plitsche, Platsche, Moddergatsche
64 S., illustriert von Manfred Bofinger
ISBN 978-3-86108-134-0, 3. Auflage, 9,90 €

Itze, Bitze, Zipfelmütze
64 S., illustriert von Manfred Bofinger
ISBN 978-3-86108-178-4, 2. Auflage, 9,90 €